SOCIÉTÉ DE GÉOGRAPHIE DE LILLE

LES
VILLES ARABES D'ESPAGNE

TOLÈDE. — SÉVILLE. — CORDOUE. — GRENADE

CONFÉRENCE

faite à la Société de Géographie de Lille le 1er Décembre 1889,

PAR

G. DE BEUGNY D'HAGERUE.

LILLE,
IMPRIMERIE L. DANEL.
—
1890.

LES VILLES ARABES D'ESPAGNE

TOLÈDE. — SÉVILLE. — CORDOUE. — GRENADE.

Conférence
faite à la Société de Géographie de Lille le 1er Décembre 1889,

Par G. DE BEUGNY D'HAGERUE,
Membre correspondant.

MESDAMES, MESSIEURS,

Le titre que j'ai choisi pour cette conférence demande un mot d'explication. Évidemment je n'ai pas voulu dire que les villes dont je compte vous entretenir soient encore aujourd'hui dans l'état où elles étaient lors de la domination arabe ; ni qu'elles soient les seules qui aient conservé des souvenirs et des monuments de cette époque déjà reculée. On retrouve encore partout en Espagne des monuments arabes, depuis Saragosse jusqu'à Malaga dominée par son vieux château de Gibelfaro ; depuis Murviedro et Valence jusqu'à Merida et Badajoz, et jusqu'en Portugal, où j'ai visité, à quelques lieues au nord de Lisbonne, sur le rocher qui domine Cintra, les restes, dont quelques parties sont encore admirablement conservées, d'un vieux château maure ; mais presque toutes ces constructions sont des forteresses, des châteaux plus ou moins démantelés, des tours, des murs crénelés, des restes de remparts, qui offrent presque toujours un coup d'œil des plus pittoresques au voyageur qui traverse la contrée, qui sont très intéressants pour l'historien et l'archéologue ; mais qui, il faut bien l'avouer, n'ont rien de commun avec l'art proprement dit. Quant à ces merveilleuses constructions, — produits d'une civilisation raffinée venue de l'Orient — presque toutes ont disparu, détruites par le temps ou par la main des hommes. Cependant quelques-unes, grâce à d'heureuses circonstances, se sont conservées à peu près intactes jusqu'à nos jours ; et tout le monde connaît au moins de nom l'Alcazar de Séville, la Mosquée de Cordoue, l'Alhambra de Grenade.

L'Espagne fut peuplée d'abord par les Ibères et par les Celtes ; plus tard les Phéniciens créèrent des colonies sur ses côtes et lui apportèrent un premier commencement de civilisation. Puis les Carthaginois chassent les Phéniciens et s'emparent de la péninsule toute entière ; mais ils sont repoussés à leur tour par les Romains, et après une lutte de cent ans, l'Espagne entièrement conquise, devenait, en 206 avant J. C., une province romaine.

Lors de l'invasion des barbares, elle fut d'abord ravagée par les Vandales qui s'emparèrent de la Bétique, où ils fondèrent un royaume auquel ils donnèrent leur nom : Vandalia, ou mieux Vandalusia, d'où l'on a fait Andalousie. Après les Vandales, viennent les Suèves et les Alains, puis enfin les Visigoths dont la conquête fut définitive et qui firent de l'Espagne un seul État, avec Tolède pour capitale. Le règne des Visigoths eut ses heures de gloire et de grandeur et il donna à l'Espagne une prospérité au moins relative.

Mais en 711, Tarik, lieutenant du calife de Damas, traverse le détroit à la tête d'une formidable armée arabe et en moins de deux ans, toute l'Espagne est tombée sous le joug des Musulmans. Le Croissant ne devait pas s'arrêter aux Pyrénées ; les Arabes franchissent les monts, s'emparent du Roussillon, du Comté de Narbonne, de la moitié de la Provence, de presque toute l'Aquitaine ; et si Charles ne les avait pas arrêtés à Poitiers, Dieu sait ce qui serait advenu de la France.

J'ai dit que l'Espagne toute entière était tombée au pouvoir des Musulmans, je me suis trompé ; une poignée de braves, conduits par l'immortel Pélage et retranchée dans les âpres montagnes des Asturies, avait osé résister aux envahissements. Une armée de 30,000 Arabes est écrasée dans les gorges de Covadonga par quelques centaines d'intrépides montagnards ; puis les Arabes, jugeant sans doute que la conquête de ces quelques rochers ne valait pas les sacrifices qu'elle devrait coûter, laissent les compagnons de Pélage libres dans leurs Asturies. Bientôt quelques vaillants chrétiens viennent se joindre à eux ; puis ce sont les Galiciens, et le royaume d'Oviedo est fondé, royaume minuscule, mais qui devait être le berceau de la future monarchie espagnole. Au IXe siècle les rois d'Oviedo ont repris le royaume de Léon ; puis les conquêtes des chrétiens s'étendent bientôt à la Castille, à la Navarre et à l'Aragon. En 1058, Tolède est reprise aux Arabes et devient la capitale de la Castille en 1212. Après la bataille de Las Navas de Tolosa, les Arabes ne possèdent plus en Espagne que l'Andalousie. En 1238, le roi St-Ferdinand leur reprend Cordoue, puis Séville, et le royaume de Grenade est réduit à se reconnaître le vassal des rois de Castille.

Enfin le roi Ferdinand d'Aragon ayant épousé Isabelle, reine de Castille, l'Espagne retrouve une unité qu'elle ne connaissait plus depuis longtemps et se sent assez forte pour chasser définitivement de chez elle les derniers Arabes. Le 2 Janvier 1492, Ferdinand et Isabelle entrent en vainqueurs à Grenade, la croix est placée sur le château de l'Alhambra et le dernier Emir passe le détroit pour aller mourir sur la terre africaine.

Quand on entre en Espagne par la route de Bayonne à Madrid, on est frappé, ce fut du moins mon impression personnelle, par ce que j'appellerai le manque de caractère spécial du pays que l'on traverse. Jusqu'à Madrid, et surtout à Madrid, si l'on n'entendait pas autour de soi parler une langue étrangère, on pourrait se croire encore dans le midi de la France. Mais quand on arrive à Tolède, l'impression est toute différente. Que l'on soit venu par le chemin de fer ou par la route de voiture, on traverse le Tage sur le pont d'Alcantara construit par les Arabes, on gravit une côte en longeant des remparts qui ont encore conservé toute leur physionomie mauresque et l'on entre en ville par une place dont le nom au moins est encore arabe, le Zocodover. Si l'on veut pénétrer plus avant dans la ville, c'est par de petites rues, sombres, étroites, tortueuses, montant et descendant suivant les caprices de la roche sur laquelle Tolède est assise ; et par les portes entr'ouvertes, l'on aperçoit des cours aux blanches murailles; entourées de portiques, plantées d'orangers et au milieu desquelles s'élève souvent une jolie fontaine de marbre blanc d'où s'échappe un jet d'eau. Ces maisons de Tolède, que nous allons retrouver dans toute l'Andalousie, ont un cachet spécial et qui procède bien plus, quoiqu'on en ait dit, de la maison arabe que de la maison romaine.

Vous connaissez tous cette mauvaise plaisanterie attribuée à un sergent de notre armée à qui un soldat demande comment on s'y prend pour fabriquer un canon. Pour faire un canon, répond le sergent, c'est bien facile, on prend un trou et subséquemment on coule du bronze autour.

Eh bien ! pour construire la maison que j'appellerai hispano-arabe, on prend d'abord un trou, c'est-à-dire une cour, au milieu du terrain dont on dispose ; puis, tout autour de cette cour, on élève des constructions, plus ou moins grandes, plus ou moins élégantes, selon l'étendue du terrain et selon la fortune du propriétaire. Presque toujours elle sera entourée de portiques supportés par des colonnes ; quelquefois ces portiques auront plusieurs étages ; mais toujours tous les appartements prendront l'air et la lumière par cette cour, ou *patio*, auquel on n'arrive qu'en traversant un vestibule qui occupe toute la largeur du bâtiment qui la sépare de la rue. Chez les Arabes ce vestibule est séparé du *patio* par une porte massive qui ne s'ouvre jamais devant un étranger; en Espagne, au contraire, le *patio* n'est fermé que par une élégante grille de fer forgé, qui s'ouvre courtoisement à tout visiteur et qui permet à la famille, réunie presque toute la journée dans le *patio*, de jouir du spectacle de la rue ; car la porte extérieure est toujours ouverte.

Tolède, reprise en 1085 par les chrétiens, a vu périr presque tous ses monuments. Sur l'emplacement de son ancienne mosquée s'élève aujourd'hui la merveilleuse cathédrale gothique, dont j'aurai peut-être l'occasion de vous parler dans une autre conférence. L'alcazar des rois maures a été incendié, et, sur ses ruines, s'élève aujourd'hui le palais en style Renaissance de Charles-Quint. Tout n'a cependant pas été détruit ; je vous ai parlé tout à l'heure des remparts, ils sont encore aujourd'hui en grande partie comme ils étaient du temps des Arabes, et la magnifique Puerta del Sol, encore admirablement conservée, passe à bon droit pour un des chefs-d'œuvre de l'architecture militaire hispano-arabe. Non loin de là, se trouve l'Ermita del Cristo de la Luz — l'ermitage du Christ de la Lumière. C'est une ravissante petite mosquée du IXe siècle, qui doit sa conservation à ce qu'elle a été convertie en chapelle catholique. Elle est là toute entière, avec ses arceaux en fer à cheval, sa coupole étoilée et ses fenêtres aux fines découpures.

Je ne parlerai que pour mémoire du *Taller del Moro*, l'atelier du Maure, où l'on voit encore plusieurs salles qui ont été couvertes des plus ravissantes ciselures, malheureusement dans un état complet de dégradation. Mais les deux souvenirs les plus intéressants de l'époque arabe à Tolède sont : *Nuestra Senora del Transito*,—Notre-Dame du

Passage, — et *Santa Maria la Blanca*, — Sainte-Marie la Blanche. — Ce sont deux anciennes synagogues. Converties d'abord en chapelles catholiques, elles ont servi ensuite à divers usages. Aujourd'hui le gouvernement espagnol les a classées comme monuments historiques, et il y fait exécuter de très sérieux et très intéressants travaux de restauration. On s'est demandé comment il se faisait que ces synagogues offraient tous les caractères de l'architecture arabe ; on s'est même demandé si les Juifs n'avaient pas connu cet art avant les Maures et si ce n'était pas eux qui l'avaient importé en Espagne.

S'il n'est pas vrai que les Juifs aient attiré l'invasion musulmane en Espagne, il est au moins certain qu'ils l'ont favorisée de tous leurs efforts, et ils ont toujours vécu en beaucoup meilleure intelligence avec les Arabes qu'avec les chrétiens. Dans un grand nombre de villes, les Émirs leur accordaient le droit de se construire des synagogues, et comme ils n'ont pas et n'ont jamais eu d'art national, qu'ils avaient cent raisons de repousser l'architecture des chrétiens, ils s'adressaient à des architectes arabes, et c'est ainsi qu'il reste encore aujourd'hui en Espagne un grand nombre d'anciennes synagogues ayant toute l'apparence de mosquées, avec cette seule différence que les versets du Coran, qui prennent toujours une place importante dans la décoration du style arabe, sont remplacés par des versets de la Bible écrits en caractères hébraïques.

Projections du pont d'Alcantara, de la Puerta del Sol et de Santa Maria la Blanca.

Mais il est temps de nous rendre en Andalousie. Nous retournons à Madrid, où nous prenons l'express de Séville. Nous passons devant Aranjuez, le Versailles de l'Espagne; nous longeons pendant plus d'une lieue ses magnifiques jardins, nous admirons ses splendides futaies, qui nous paraissent d'autant plus belles qu'à plus de vingt lieues à la ronde on ne voit plus un seul arbre ; puis nous traversons la Manche, immense plaine, nue et triste, célèbre par les exploits de l'ingénieux hidalgo Don Quichotte de la Manche et de son fidèle écuyer Sancho Pansa, et nous arrivons à la Sierra Morena, que nous franchissons en traversant les sombres et pittoresques défilés du *Despeña-Perros*, une des gorges les plus sauvages et les plus belles du monde entier. Alors nous sommes en Andalousie, nous arrivons bientôt à Cordoue, où nous ne nous arrêterons pas, parce que nous devons y revenir tout à l'heure, nous suivons la vallée du Guadalquivir et nous arrivons à Séville.

Rien ne ressemble moins à Tolède que Séville. Tandis que la première est bâtie sur un roc au milieu d'une plaine nue et triste, Séville s'étend dans une des plus riches vallées de la riche Andalousie, sur les bords du Guadalquivir qui la met en communication directe avec la mer. Cette position devait en faire une ville riche et commerçante, et c'est sous un aspect tout à fait moderne que la ville apparaît au voyageur qui descend du chemin de fer. Cependant on s'aperçoit bientôt que toutes ces maisons renferment le *patio* dont je vous ai parlé tout à l'heure, et, si j'avais le temps de vous y introduire, je pourrais vous montrer dans presque tous quelques restes de l'art arabe, tantôt simple vestige et tantôt détail encore important; mais quand on s'éloigne du centre, on arrive dans certains quartiers où l'on trouve un enchevêtrement de ruelles étroites et tortueuses, donnant entrée à une quantité d'impasses, et qui rappellent le mode de construction des Maures.

L'enchevêtrement de ces ruelles est tel qu'un guide me disait que lui-même n'était pas sûr de ne pas s'y égarer; et il me donnait un singulier moyen pour éviter ce petit ennui. Quand je vais dans ces quartiers-là, me disait-il, je marche en regardant en l'air. Comme je paraissais ne pas comprendre, il ajoutait: Vous avez dû remarquer qu'ici toutes les fenêtres ont un balcon et que sur ce balcon il y a presque toujours une Sévillane; or, si, croyant prendre une rue, je me lance dans une impasse, je vois un sourire se dessiner sur les jolies lèvres de la Sévillane qui se dit: Encore un que je vais voir tout à l'heure revenir sur ses pas. J'ai compris et je fais volte-face.

Pour ne pas nous égarer dans ces ruelles où la chaleur est torride et où la lumière du soleil, reflétée par des murs blanchis à la chaux plusieurs fois par an, est tout à fait aveuglante, nous nous dirigerons immédiatement vers l'Alcazar.

Nous passons d'abord au pied de la cathédrale, malheureusement encombrée aujourd'hui d'échafaudages dressés pour les réparations nécessitées par un effondrement d'une partie de la voûte.

Du reste, la cathédrale de Séville est de style gothique, et si intéressante qu'elle soit, elle sort du cadre que nous nous sommes tracé. De la mosquée, sur l'emplacement de laquelle elle est construite, il ne reste qu'une cour et la célèbre Giralda. C'est une tour carrée, en briques, dont toute l'ornementation consiste en saillies de briques moulées. Je ne parle, bien entendu, que de la partie inférieure, la partie supérieure est d'une autre époque et nous n'avons pas à nous en occuper. Si la Giralda avait été construite dans nos pays du Nord, elle n'aurait certainement pas la réputation que lui ont faite les Andalous. D'abord la saillie qui en forme toute l'ornementation est des plus faibles, 15 à 20 centimètres à peine ; mais, sous ce beau ciel d'Andalousie, elle produit des lignes d'ombre aussi énergiques que produiraient chez nous des saillies d'un mètre, et si l'ornementation en est très simple, elle est d'une élégance de dessin véritablement merveilleuse. En plus, les briques qu'ont employées les Arabes étaient de si bonne qualité que, bien que mises en place depuis sept ou huit siècles, elles ont encore les arêtes aussi vives et les couleurs aussi fraîches que si elles ne remontaient qu'à quelques jours.

Mais je vois devant moi les tours et les murs crénelés de l'Alcazar qui m'attirent. C'est le vieux palais des Émirs arabes ; il a été, il est vrai, en partie reconstruit au XIIIe siècle par Pierre le Cruel, mais les travaux, dirigés par des architectes arabes, ont été exécutés par des ouvriers venus de Grenade.

On y entre aujourd'hui par une longue galerie qui conduit à une cour, au fond de laquelle s'élève le portail monumental du palais. Ce portail est du plus pur style arabe du Xe siècle. Si le haut a subi quelques modifications, le bas s'est conservé dans toute sa pureté primitive. Quand on a franchi la porte, on est saisi tout à la fois d'étonnement et d'admiration devant cette architecture d'un autre âge et qui rappelle une civilisation disparue de nos jours. Une élégante galerie nous conduit tout d'abord dans une première cour entourée d'un portique supporté par des colonnes en marbre blanc et dont les murs disparaissent sous les ravissantes broderies d'élégantes arabesques. C'est le *patio de Las Doncellas* — Cour des Demoiselles.

Les guides ne manquent pas de vous dire que cette cour est ainsi appelée parce que c'était là que les Émirs recevaient le tribut de cent vierges chrétiennes que le royaume de Léon leur paya pendant plusieurs siècles.

Il y a là un mensonge historique que je tiens à relever. Ceux qui ont inventé cette fable odieuse prétendent qu'un roi de Léon, nommé Mauregato, aurait fait avec les Maures un traité dans lequel il s'obligeait à leur payer, tous les ans, cet infâme tribut. Il est d'abord à noter que ce Mauregato, fils naturel d'un roi de Léon et d'une esclave maure, et usurpateur du trône de son frère, n'a régné que cinq ans, et qu'après lui, pendant plus de deux siècles, ou mieux jusqu'à sa réunion à la Castille, le Léon n'a cessé d'être en guerre avec les Musulmans. Or, on ne paie pas de tribut à un ennemi que l'on combat; il est donc absolument impossible que les cent vierges aient jamais été livrées aux Arabes après la mort de Mauregato.

Examinons maintenant si cette histoire, même réduite aux cinq années de l'usurpateur, a quelque apparence de vérité. A-t-on le prétendu traité ? En a-t-on au moins une copie, même partielle ? Nullement. Les chroniques chrétiennes de l'époque n'en font pas mention et on n'en retrouve pas la moindre trace dans les écrivains arabes. Il paraît cependant évident que si le fait était vrai, si le tribut avait été payé une seule fois, les historiens arabes n'auraient pas manqué de le rapporter, comme une preuve de la puissance de leur souverain et comme une honte infligée à leurs ennemis. Le seul document historique qui parle de ce tribut c'est la chronique d'Alonzo X, écrite cinq siècles plus tard et dont l'auteur s'est attaché à flétrir la mémoire de l'usurpateur, qui fut en même temps un détestable roi, et dans ce but sans doute, s'est complu à lui imputer tous les crimes et toutes les infamies, sans se préoccuper de la vérité de ses accusations.

Le *patio de Las Doncellas* donne accès à la salle des Ambassadeurs, dont les murs et la voûte en *media naranja* offrent toutes les richesses de décoration et d'ornementation du style arabe le plus fleuri. En face du salon des Ambassadeurs, de l'autre côté du *patio de Las Doncellas,* nous entrons dans le *patio de Las Muñecas*— Cour des Poupées. Cette cour et les appartements qui l'entourent formaient le harem, l'appartement des femmes. Tout y est plus petit, plus restreint, mais l'ornementation y est plus recherchée, plus délicate, plus fine, plus compliquée. L'œil et l'imagination se perdent dans les fantaisies de cet art étrange, élégant, sensuel, féminin, qu'on ne retrouve au même état de développement que dans l'Inde ou dans la Perse. Mais après nous être promenés quelque temps au milieu de ces merveilles, nous nous apercevons qu'elles ont été déshonorées par des réparations ou des additions maladroites ; ici une ravissante galerie arabe est couronnée par une balustrade gothique, plus loin c'est tout un étage construit dans le plus mauvais goût du siècle dernier. Dans le salon des Ambassadeurs, Charles-Quint, non content de faire couper les sculptures pour y placer ses armoiries, a troué le mur pour y faire des tribunes pour ses musiciens, tribunes dont les balcons sont soutenus par des supports gothiques. Philippe II a fait encore enlever une partie de l'ornementation arabe et fait placer toute une longue suite de portraits des rois de Castille entourés d'encadrements gothiques. En outre, dans une restauration toute récente, on a voulu rétablir les peintures anciennes ; les rouges, les bleus, les verts, les ors, ont un éclat criard et papillottant qui ferait presque oublier qu'on est dans un monument qui date de plus de neuf siècles.

Aussi, après vous avoir présenté quelques vues de l'Alcazar, vous demanderai-je la permission de vous conduire de suite à Cordoue :

Projections du Portail— du salon des Ambassadeurs et des deux Patios.

Je voudrais vous promener à travers les rues de Cordoue qui a conservé, bien mieux encore que Séville et Tolède, le cachet arabe ; mais le temps me presse et nous nous rendrons de suite à la Mosquée.

J'ai fait un plan qui vous permettra, je l'espère, de suivre les explications que je vais essayer de vous donner de cet étrange monument. Je vous ferai remarquer d'abord que toutes les parties dessinées en noir représentent la construction arabe, tandis que j'ai teinté en rouge les travaux exécutés par les chrétiens après la conquête. La Mosquée de Cordoue fut commencée en 785 et terminée en 793 ; elle est donc bien antérieure à l'Alcazar de Séville et diffère beaucoup du style mauresque dont je vous ai présenté quelques échantillons et que nous retrouverons tout à l'heure à l'Alhambra. C'est un magnifique spécimen de l'art byzantino-arabe caractérisé par l'arc en fer à cheval ; seulement, aux approches du Mihrab, ou sanctuaire, l'arcade devient plus élégante, elle devient trilobée, et même elle fait place à l'ogive à cinq ou sept lobes et même plus.

Le monument dans son entier a 190 mètres de longueur sur 120 de largeur. Il est divisé dans sa longueur en 19 nefs et dans l'autre sens en 32. Tout au fond, en face de la sixième nef, en partant de la droite, se trouve le Mihrab, où l'on conservait le Coran du Kalife Omar. Il se trouvait autrefois au milieu de l'édifice qui n'avait alors que onze nefs ; mais en 980, le kalife Almanzor lui ajouta les huit nefs de gauche.

Nous entrerons par la Porte du Pardon, qui se trouve sous la tour reconstruite par Charles-Quint, sur l'emplacement de l'*Alminar* arabe, détruit par un tremblement de terre. Nous passons sous la tour, nous traversons la cour des Orangers, où nous voyons encore les restes des bassins en marbre blanc, jadis remplis d'une eau cristalline, destinée aux ablutions des Musulmans, et nous pénétrons dans le temple.

Une impression étrange nous saisit. Dans nos belles cathédrales chrétiennes nous sommes frappés par la hauteur des colonnes, l'élévation des voûtes, qui semblent emporter notre pensée vers le ciel ;

ici point de hauteur, huit mètres à peine sous clef de voûte ; mais une profondeur indéfinie. Un millier de colonnes se dressent devant nous, surmontées d'un double rang d'arcades à jour, et l'air et la lumière passant à travers toutes ces colonnes et toutes ces arcades produisent les effets les plus étranges.

Théophile Gauthier a dit avec raison que la mosquée de Cordoue ressemblait à une forêt recouverte d'un toit. En effet, toutes ces colonnes, presque toujours en marbre précieux et dérobées à des temples païens ou à des églises chrétiennes, — il en fut apporté de toute l'Afrique, jusque de Carthage, on dit même qu'il en vint 130 de Narbonne, portées sur les épaules des esclaves chrétiens. — Toutes ces colonnes, de la grosseur d'un arbre moyen, hautes d'un peu plus de trois mètres, et n'ayant pas de base semblent sortir du sol comme des arbres.

La mosquée a un grand nombre de portes ; mais pas une seule fenêtre et le jour lui vient par des coupoles placées de distance en distance, ce qui lui donne un caractère étrange, recueilli, mystérieux.

A côté du Mihrab, on voit un autre sanctuaire, que l'on appelle la Chapelle du Kalife, et en face, près de la construction moderne, deux autres petites salles, sur la destination desquelles les auteurs ne sont pas d'accord. C'est dans ces quatre chapelles que les architectes arabes avaient concentré tous leurs efforts, pour y jeter à profusion toutes les richesses et toutes les élégances de l'art oriental. Pour en donner une idée, nous citerons seulement la mosaïque, venue de Byzance, qui surmonte la porte du Mihrab et qui est le plus bel échantillon connu de ce genre de décoration, et la voûte du sanctuaire où se conservait le Coran, taillée dans un seul bloc de marbre. L'œil s'y perd dans un dédale de sculptures d'une finesse telle qu'on l'a comparé à un fouillis de dentelle relevé par des incrustations de pierres fines et de lapis-lazuli.

Projections de l'intérieur de la Mosquée.

Je ne veux pas quitter la mosquée sans dire quelques mots de l'église catholique. En 1236, le roi St-Ferdinand, après avoir repris Cordoue, consacrait son admirable mosquée, la plus belle du monde, au culte du vrai Dieu. Le jour même où il entrait dans la ville, l'évêque, après avoir purifié et béni l'édifice, y célébrait une messe solennelle sur un autel provisoire.

Pendant plusieurs années les choses restèrent dans le même état ;

mais, dans cette vaste mosquée, tout manquait pour les cérémonies du culte catholique ; on prit d'abord la salle de l'Aumône, à l'angle sud-est, et le vestibule de Mihrab qui lui fait suite, pour servir de chœur et de sacristie ; puis le roi St-Ferdinand prit deux entre-colonnements de la dernière nef de gauche pour y élever une chapelle qu'il destinait à sa sépulture. Après lui, les princes, les grands du royaume, les évêques et une foule d'autres personnages, construisirent les cinquante-deux chapelles qui occupent aujourd'hui tout l'emplacement des deux nefs extrêmes.

Là, s'étaient bornés les travaux faits par les Espagnols jusqu'à l'époque de Charles-Quint ; mais alors l'évêque et le chapître eurent l'idée d'élever, au milieu de la mosquée, une cathédrale qui pût rivaliser avec les plus belles d'Espagne. Ayant obtenu l'autorisation royale, ils construisirent l'église actuelle, non pas, comme on l'a dit, dans le plus pur style gothique, mais bien dans le style de la Renaissance, avec quelques réminiscences gothiques. L'édifice se compose d'abord de la *Capilla-Mayor*, ce que nous appelons, en France, le chœur, où se trouve le maître-autel ; puis d'un transept avec bras de croix et d'une nef. Mais, comme dans toutes les cathédrales espagnoles, les deux tiers de cette nef sont remplis par le chœur, où sont les stalles des chanoines et où se chantent les offices. Des arcs-boutants, destinés à retenir la poussée des voûtes, reposent d'un côté sur des piliers marqués en rouge au plan et de l'autre sur des piliers qui séparent la mosquée en deux parties. Il est à remarquer que les bras de croix comme le bas du chœur n'ont pas de murailles, de sorte que si l'église est prise dans la Mosquée, la Mosquée tout entière fait partie de l'église.

On a énormément blâmé cette construction qui serait magnifique, si elle était placée partout ailleurs. Charles-Quint lui-même s'est écrié en la voyant : « Si j'avais mieux connu vos projets, je n'y aurais jamais consenti ; vous avez fait ce que l'on peut faire partout et vous avez gâté une chose unique au monde. »

J'ai entendu même, à propos de cette malheureuse construction, aller jusqu'à accuser le clergé d'alors de fanatisme. Je trouve le mot bien violent, je le trouve même injuste. Pour les Espagnols, les Maures étaient les envahisseurs du sol sacré de la patrie et en même temps les ennemis déclarés de leur religion, et à ce double titre d'inimitié, tout ce qui était arabe et tout ce qui venait des Arabes devait leur être odieux. Dans ces conditions, je comprendrais qu'au lendemain de la victoire, ils aient voulu faire disparaître à tout jamais tout ce qui pouvait rappeler le souvenir d'un ennemi doublement abhorré.

Eh bien ! non ; au lendemain de la victoire, on prend les mosquées pour en faire des églises et c'était bien le droit des Espagnols dont les Maures avaient jadis volé les églises ; on prend, dis-je, les mosquées ; mais on respecte l'œuvre d'art partout où on la trouve. Ainsi, nous voyons le chapître de Cordoue se contenter, pendant trois siècles, d'un édifice réellement insuffisant pour le culte catholique ; bien plus, nous trouvons, dans l'ouvrage de M. Madrazzo sur Cordoue, que le chapître entretenait quatre ouvriers maures pour les réparations de l'édifice ; parce qu'eux seuls étaient capables d'exécuter ces travaux sans gâter l'architecture du monument. C'est dans la Renaissance italienne qu'il faut rechercher la cause de toutes les erreurs architecturales commises depuis la fin du Moyen-Age jusqu'à ces derniers temps. C'est la Renaissance seule qui avait persuadé à tous les esprits, même aux meilleurs, qu'il n'y avait rien de beau que l'art grec et qu'en dehors de lui, tout était laid, barbare et méprisable.

Peu de temps avant notre passage à Cordoue, on venait de découvrir une ravissante mosquée ignorée de tous. Il y avait dans la *Juderia*, au milieu de pauvres habitations, une petite chapelle servant à une confrérie et desservie par un chapelain. Un jour celui-ci veut enfoncer un clou dans la boiserie, la boiserie était vermoulue, un morceau tombe à terre, et la muraille apparaît par le trou béant et montre aux yeux étonnés du chapelain un ravissant morceau de sculpture arabe.

Or, cette chapelle avait été autrefois une synagogue et, lors de l'expulsion des Juifs, était devenue une chapelle catholique. Vers le XVIIe siècle, un chapelain ou un administrateur, ami des arts, j'entends des arts grecs, avait trouvé la décoration arabe par trop barbare et l'avait fait disparaître derrière une boiserie valant bien 3 fr. le mètre, mais tracée d'après les règles de Vitruve. Heureusement la boiserie est tombée en pourriture, on l'a complètement enlevée et nous avons pu voir les ravissantes sculptures qui couvrent toutes les murailles, ainsi que le plafond en *artesonado*, assemblage de petits morceaux de bois du plus ravissant travail. Aujourd'hui le gouvernement espagnol a acheté la vieille synagogue qui sera incessamment restaurée.

Mais j'ai hâte de vous conduire à Grenade, ou plutôt à l'Alhambra, forteresse et palais du dernier émir qui ait régné en Espagne.

Nous reprenons donc le chemin de fer, nous remontons la vallée du Génil et bientôt nous sommes à Grenade. Une rue étroite et sombre nous mène à la place de Bibrambla, nous montons une rue presque à pic, c'est la rue des Gomérès, — nom qu'elle a conservé d'une tribu arabe qui l'habitait jadis. — La chaleur est suffocante ; couverts de sueur et haletants, nous arrivons devant une porte surmontée de deux grenades, nous la franchissons et immédiatement nous éprouvons un sentiment d'indicible bien-être. Devant nous s'étend une véritable forêt de grands arbres plusieurs fois séculaires, de tous les côtés le terrain s'élève en pentes ardues, disparaissant sous une fraîche et luxuriante végétation, les rameaux touffus des grands arbres nous défendent des ardeurs du soleil, de toute part des ruisseaux d'eau limpide descendent des hauteurs et répandent dans l'atmosphère une délicieuse fraîcheur, des odeurs balsamiques embaument l'air, et le chant du rossignol se confond avec le murmure de l'eau. Nous sommes dans l'Alhambra et nous commençons à comprendre l'enthousiasme des poètes arabes décrivant les jardins de l'Orient.

Pour vous faire comprendre ce que j'ai à vous dire de l'Alhambra, j'ai cru nécessaire d'en dessiner le plan.

L'Alhambra est le nom de tout un quartier de Grenade ; mais plus spécialement de la forteresse, dont vous pouvez suivre les contours sur le plan, et qui occupe toute l'étendue d'une colline, dernier contre-fort de la Sierra-Nevada ; elle est entourée de pentes ardues, qui l'isolent de toute part. En quittant la porte sous laquelle nous venons de passer, nous suivons une route en lacets qui nous conduit bientôt devant une entrée monumentale à double arcade ; c'est la *Porte Judiciaire*, l'entrée de la forteresse et du palais. Nous passons sous les sombres arceaux, nous montons encore, entre de hautes murailles, et bientôt nous sommes devant la *Porte Royale*, malheureusement en ruine ; nous laissons à droite la porte du Vin, qui était autrefois l'entrée de la ville arabe, et nous nous trouvons sur la place des Citernes, en face du palais bâti par Charles-Quint, et pour la construction duquel on a démoli une partie du palais arabe. Ce palais, auquel on a voulu trouver certaines beautés, nous paraît d'une épouvantable lourdeur, et, de l'avis de tous, a surtout le tort d'être aussi mal placé que possible.

M. Contreras, le savant architecte de l'Alhambra, dit, pour la défense de Charles-Quint, qu'il s'est laissé entraîner par les conseils de ses architectes italiens, et que c'est à son insu qu'on a démoli, pour lui faire place, le palais d'hiver des anciens rois de Grenade. Du reste, cette construction, dont personne n'a jamais pu deviner le but, et qui ne peut servir à rien, n'a jamais été terminée ; elle n'a ni toit ni fenêtres, et il faut espérer que le temps finira par la faire disparaître. C'est le bonheur que je lui souhaite.

Derrière le palais de Charles-Quint se cache le vieux palais arabe, avec ses tours et ses murailles de forteresse. Mais, avant d'y pénétrer, nous ferons, si vous le voulez bien, le tour de l'enceinte.

A droite de la Cour des Citernes, par laquelle nous sommes entrés, se dresse l'*Alcazaba*. C'est le Château-fort, la citadelle ! Nous y voyons d'abord, à l'angle sud-ouest, la Tour du Cubo, puis celle des Hommages, et l'ancien logement de la garnison. Plus en arrière, et en suivant le mur d'enceinte, la Tour des Armes, — l'Arsenal, — puis la tour des Hidalgos, et enfin la tour de la Vela. Si nous montons en haut de cette dernière, qui se dresse sur le bord extrême de la colline, nous y jouissons d'un admirable panorama : à nos pieds c'est Grenade, c'est l'Albaïcin, c'est le Monte-Sacro, avec ses grottes de gitanos ; au loin c'est la Véga, la riche plaine de Grenade, qui s'étend jusqu'aux montagnes bleuâtres qui terminent l'horizon. Derrière nous, c'est l'Alhambra tout entier, et les pentes de la Sierra-Nevada, dominées au loin par la cîme neigeuse du Mulhacen.

Après la tour de la Véla, nous voyons encore celle de la Poudre, qui se relie par une ligne de parapets aux *Tours Vermeilles*, ouvrage avancé qui défendait l'Alhambra contre toute attaque venant de la ville.

Revenons maintenant à la place des Citernes. Nous passerons sous la ravissante porte du Vin, nous laisserons à gauche le palais de Charles-Quint, et nous arriverons à la tour des Cabesas, la tour des Têtes. Elle s'appelait ainsi parce que c'était sous ses créneaux que l'on attachait les têtes des chrétiens qui avaient succombé dans les algarades que les Maures allaient faire sur les terres des Espagnols. Vient ensuite la tour de la Sorcière, celle du Capitaine, puis enfin celle des *Siete Suelos*, — des Sept-Étages, bien qu'elle n'en ait, et qu'elle n'en ait jamais eu, que trois. Une porte la faisait communiquer autrefois avec l'extérieur. C'est par cette porte que Boabdil, le dernier Émir, sortit pour aller porter aux rois catholiques les clefs de l'Alhambra.

Après la tour des *Siete Suelos*, c'est la tour de l'Eau, ainsi dénommée parce qu'elle était destinée à défendre l'aqueduc qui amène dans l'Alhambra les eaux de la montagne.

Après la tour de l'eau, le mur d'enceinte tourne à angle droit, il rencontre une tour en ruine, puis, se dirigeant vers le Nord, il rencontre la Tour des Infantes et celle de la Captive, sur lesquelles j'attirerai tout à l'heure votre attention. En continuant le tour de l'enceinte, nous trouvons encore la tour du *Candil*, la Porte de Fer, la caserne de Mondejer, la tour des Picos, littéralement des becs, à cause de la forme de ses créneaux; la tour des Dames, celles du Mihrab, de Comarès et des Poignards; ces trois dernières font partie du palais où nous allons enfin pénétrer.

Pour vous permettre de me suivre plus facilement dans la description du palais, j'en ai fait un plan, comme pour la cathédrale de Cordoue. Ce plan, comme les deux précédents, n'est qu'un agrandissement de ceux publiés par M. Contreras, le savant et habile architecte de l'Alhambra, dans son ouvrage : *Les Monuments Arabes d'Espagne.*

L'entrée actuelle se trouve derrière le palais de Charles-Quint. M. Contreras a découvert dernièrement une porte monumentale qu'il croit être l'entrée ancienne.

Nous pénétrons d'abord dans la cour des Myrtes, c'est la plus grande de l'Alhambra. Le milieu en est occupé par une grande pièce d'eau rectangulaire, entourée de haies de myrtes ; elle se termine à ses deux extrémités par une colonnade, et les bâtiments qui la bordent des deux côtés renferment une série de petites salles destinées au logement des serviteurs du palais.

Au fond de la cour des Myrtes on pénètre d'abord dans une salle oblongue, appelée salle de la Barca. Ce nom lui vient, non pas, comme le disent les guides, de ce que son plafond a la forme d'une barque renversée ; mais bien du nom Barekha, qui, en arabe, veut dire bénédiction. Cette salle donne entrée au Salon des Ambassadeurs, le plus vaste et le plus richement décoré de tous les appartements de l'Alhambra. Il remplit toute l'étendue et toute la hauteur de la magnifique tour de Comarès.

Les niches creusées dans l'épaisseur du mur, des deux côtés de la porte, ont éveillé l'attention des antiquaires. On a cru d'abord qu'elles étaient destinées à recevoir les chaussures des visiteurs ; puis, on a dit qu'elles servaient plutôt pour y déposer les armes, mais ces deux hypothèses étaient évidemment fausses, puisque des niches semblables existent à l'entrée de toutes les salles de l'Alhambra, même de celles exclusivement réservées aux femmes.

M. Contreras eut l'idée de déchiffrer les vers écrits au-dessus et autour des niches ou *hanias* du salon des Ambassadeurs, et il y lut des versets commençant par ces mots : *Regarde ce vase...*, ailleurs : *Ce vase te semblera...* Un autre verset rappelle le devoir de la libéralité ; or, pour l'arabe, la forme de libéralité la plus agréable à Dieu, c'est de donner de l'eau. D'où M. Contreras conclut que ces niches étaient tout simplement destinées à contenir des cruches d'eau, auxquelles le visiteur pouvait se désaltérer.

Projections de la cour des Myrthes et du Salon des Ambassadeurs.

Avant d'aller plus loin, il est bon de remarquer que le palais de l'Alhambra se divise en trois parties bien distinctes, par leur date, le style de leur construction, et leur destination. La partie centrale occupée par la cour des Myrthes et la tour de Comarès, la seconde en date, est en quelque sorte la partie publique du palais ; c'est là que l'Émir entrait en communication avec ses sujets, qu'il recevait les ambassadeurs ou les princes ses voisins.

Toute la partie qui se trouve à gauche de la cour, aujourd'hui en partie ruinée, était consacrée à l'entrée principale, aux mosquées et à leurs dépendances ; et enfin la partie de droite, dans laquelle nous allons entrer, c'est le Harem, l'habitation de l'Émir et de ses femmes.

Par un passage que nous trouvons à droite, et presque au milieu de la cour des Myrtes, nous pénétrons dans celle des Lions, dont la réputation est universelle. C'est ici, en effet, que le génie oriental semble avoir fait appel à toute sa puissance et à toute sa richesse pour créer une œuvre qui semble le dernier mot de la grâce et de l'élégance. Tout autour règne une galerie dont les arceaux, tantôt en ogive, tantôt en plein cintre, tantôt en triangle, sont supportés par de sveltes colonnettes de marbre blanc dont les chapiteaux étaient dorés autrefois. Aux deux extrémités s'élèvent deux petits pavillons, tout à jour, et soutenus par des colonnes semblables. De tous côtés les murs disparaissent sous d'élégantes broderies, tellement fouillées, tellement délicates, qu'on les a comparées avec justesse à plusieurs guipures superposées Au milieu de la cour une belle vasque en marbre blanc, à laquelle les Espagnols ont donné le nom un peu emphatique de *La Mar*, — la mer, — est supportée par seize lions de marbre très naïvement sculptés.

Il est impossible de donner, par une description, une idée même lointaine de cette cour des Lions ; j'aime mieux vous en montrer quelques vues prises de différents points. — *Projections*.

Faisons maintenant ensemble le tour de la cour ; à gauche, nous voyons un passage qui mène à des constructions en ruine, puis nous arrivons à la grande salle dite des Abencérages. C'est là que trente de ces malheureux auraient été, dit la tradition, traîtreusement attirés par le roi pour y être massacrés : on montre, dans la vasque du jet d'eau qui se trouve au milieu de la salle, une tache rouge qu'on dit être la marque de leur sang. Le fait est que la vasque est en marbre de Macaël qui, en vieillissant, se couvre presque toujours de ces taches rougeâtres. Quant aux Abencérages, il paraît certain qu'ils ont été massacrés dans la cour. Le passage qui se trouve à droite de la sortie conduit à la *Rauda*, aujourd'hui fermée ; c'était le lieu de sépulture des rois de Grenade. Tout le fond de la cour des Lions est occupé par une seule salle divisée en cinq compartiments avec autant de divans ; c'est ce que l'on appelle la *salle de Justice*.

M. Contreras fait remarquer que cette appellation est nécessairement mauvaise ; car n'oublions pas que nous sommes ici dans le harem où, sauf quelques circonstances particulières, nul ne peut pénétrer. Du reste, il prouve que quand les rois de Grenade rendaient la justice eux-mêmes, c'était, selon un usage très répandu en Orient, à la porte extérieure de leur palais. M. Contreras pense que cette salle a pu servir de Divan, c'est-à-dire de salle de Conseil, et alors les ministres du roi étaient introduits par un étroit passage que nous voyons en dehors du bâtiment principal. En continuant notre promenade autour de la cour des Lions, nous trouvons la salle des deux Sœurs qui rivalise en ornementation et en beauté avec celle des Ambassadeurs et celle des Abencérages ; en arrière une sorte de couloir, appelé salle des *Ajimécès* — fenêtres arabes — donne entrée au boudoir de Lindaraja, dont l'élégance et la grâce dépassent tout ce qu'on peut rêver.

Projections du salon des Abencérages, de la salle de Justice, de la salle des Deux Sœurs et du boudoir de Lindaraja.

Je vous ai fait remarquer déjà l'élégance et la richesse des dessins qui forment la décoration des murailles de tous les appartements de l'Alhambra ; mais vous avez dû observer également que le bas de ces mêmes murailles porte une décoration infiniment plus sobre, composée de dessins géométriques généralement très simples.

Les architectes arabes pour produire leurs merveilleuses broderies se servaient uniquement de plâtre et de stuc moulé. Ils avaient su donner à ces matériaux fragiles une dureté qui leur a permis de résister aux effets destructeurs du temps ; mais à condition de leur éviter le choc de corps durs. On ne pouvait donc les employer qu'à partir d'une certaine hauteur, et il était nécessaire de recouvrir le bas des murailles d'une substance plus résistante. Cette substance ce fut la faïence. Les carreaux de faïence de l'Alhambra, ont acquis sous le nom d'*Azulejos* une grande célébrité que, je dois l'avouer, j'ai trouvé bien surfaite. Le grand mérite des Arabes a été d'avoir créé un genre d'ornementation inconnu avant eux.

Reprenons notre promenade : toutes les constructions comprises entre la salle des deux Sœurs et la cour des Myrtes, sont situées en contre-bas des autres et destinées aux bains. Voici la chaufferie, la salle du bain du roi et de la reine, celle des enfants, et enfin la salle du Divan ou du Repos.

Projections.

Au-delà de la salle du Repos, vous en voyez quelques autres, dont les murailles sont indiquées par une ligne grise ; ce sont des constructions pseudo-arabes dont nous n'avons pas à nous occuper ; par elles nous arrivons à la tour du Mihrab, dont Isabelle la Catholique avait fait son oratoire, et qui a été deshonoré depuis par une décoration à l'italienne. Cette tour, à l'exception de toutes les autres, est percée de trois fenêtres de chaque côté. C'est là, disent les historiens arabes, que l'Émir allait tous les matins attendre le lever du soleil pour adresser sa prière à Dieu dès le premier instant du jour.

Nous avons encore à visiter la partie la plus ancienne du Palais. Nous traversons de nouveau la cour des Myrtes, et nous arrivons dans la cour de la Mosquée. La mosquée principale a été convertie en chapelle catholique, et des additions malheureuses en ont complètement dénaturé l'architecture ; mais il subsiste encore quelques parties bien conservées des dépendances : c'est un spécimen des plus intéressants de la première époque du style hispano-arabe, dont la cour des Lions nous a montré les derniers développements.

Projections de la cour et d'une des fenêtres de la mosquée.

Il ne me reste plus qu'à vous conduire au Généralif ; mais, en nous y rendant, nous devons passer devant les tours des Infantes et de la Captive, sur lesquelles j'ai déjà attiré votre attention. Ces deux tours, qui se dressent sur le rempart et plongent leur pied dans un affreux ravin, sont nues, tristes, sans aucun ornement ; elles n'ont même, ni un rang de créneaux, ni une corniche pour couronnement ; on les croirait bonnes à peine à renfermer quelques vieux outils ou quelques armes rouillées, et cependant, si nous y pénétrons, après avoir franchi la porte bardée de fer, nous nous trouvons dans une délicieuse résidence, dans un palais en miniature. C'est un véritable bijou artistique, destiné à recevoir une captive de haut rang, comme l'indique le nom de l'une des deux, ou plutôt à abriter quelque esclave favorite.

Projection de l'intérieur de la tour de la Captive.

Des fenêtres du ravissant petit palais que nous venons de voir, nous apercevons le Généralif, assis sur le dernier contre-fort de la Sierra-Nevada et de l'autre côté du ravin qui enserre l'Alhambra.

Il fut construit, dit-on, par un des architectes du palais ; plus tard les Émirs s'en emparèrent et en firent une résidence d'été, ou plutôt une villa de plaisir et d'agrément. Les anciennes constructions existent encore, et elles ont conservé leurs élégantes décorations, malheureusement recouvertes d'un si grand nombre de couches de chaux qu'on peut à peine les reconnaître. Ce que l'on va surtout admirer aujourd'hui au Généralif, ce sont ses jardins arrosés par les eaux du Daro, captées dans la montagne, et qui se répandent partout en ruisseaux murmurants, en cascades écumeuses, et communiquent à l'atmosphère embrasée une délicieuse fraîcheur, pendant qu'elles entretiennent dans tout le jardin une luxuriante végétation.

Projections des jardins du Généralif.

Lille Imp. L. Danel.

www.ingramcontent.com/pod-product-compliance
Lightning Source LLC
Chambersburg PA
CBHW070542050426
42451CB00013B/3136